DE LAS COSAS QUE CAEN

Mariano Peyrou

DE LAS COSAS QUE CAEN

bajo la luna

Edición al cuidado de Valentina Rebasa y Miguel Balaguer

Domicilio postal:
Pje. Aníbal Troilo 988 - 2º C
C1197ABB Buenos Aires
República Argentina
e-mail: editorial@bajolaluna.com
www.bajolaluna.com

ISBN: 987-9108-13-2
Queda hecho el depósito que establece la ley 11.723

Impreso en Argentina

DE LAS COSAS QUE CAEN

NI LOS AÑOS

Ni los años
ni los kilómetros
ni la colección de placeres;
sólo una adecuada combinación
de maldad y sentimientos autocompasivos
permite apreciar la belleza
de las cosas que caen.

Verdad en fuga

La lluvia viene, va
descontando normas y leyendas,
pica alrededor o dentro o
en el final de antes y cambia con
cada gota el centro de la
diana, centro
de gravedad en movimiento, se
estira en ingenuas mareas de
techo y compañía pero resta,
siempre.

Y sí, me
interesan pocas verdades aditivas,
menos es menos, la
meteorología es una cosa y otra
este mojarse la cara hasta borrar los rasgos:
ha trepado, la lluvia,
de la naturaleza hasta los
labios, ha lamido
desde Dios los dos párpados,
apenas se respira y el paraguas
permanece en la mano.

¿Y si fuera el día la mentira, y estuviera
en la serenidad la distorsión,
en casa el enemigo?
Hay una continuidad en el
sueño similar a la de la vigilia.
A veces se manifiesta. Ocurre entonces
la caída lenta que está más allá de los
relojes y la prudencia (pero un cigarrillo
es un reloj, un caracol es otro, un
corazón; y más allá de la
prudencia están los asteroides, o
Finlandia y todas las veces que resbalaré en el
hielo). Ahora hay que confiar en
lo que no se entiende, elegir el
recipiente más adecuado para
contener el desconcierto. Un
poema puede ser bastante capaz, aunque
siempre será mejor usar el mar o la fogata.
O la caricia. Se extienden
las pupilas en la oscuridad, palmas que se
abren para acariciar la decepcionante
espuma tras la cual está ella,

está él. La caída de su
párpado es una ola que se
rompe, un movimiento de
bailarina antes de dejar la escena.
Mi cuerpo está fuera de mí.

Defiendo lo leve, lo menor.
Es mi trabajo.
Mi trabajo es estar ahí
sentado, contando mentiras. Mi
trabajo es contener un mar.
No hay nada tan inútil. Nada
tan bello como lo que no sirve.

Que levanten la mano los que estén a favor
de no viajar nunca a ningún lado. Aquí
huele a hierba recién cortada y el clima
cambia con rapidez. Si uno se queda en casa
con suficiente insistencia, la escalera
puede llegar al extranjero, por no mencionar
que estoy oyendo hablar en alemán ni
las exposiciones itinerantes. Han vaciado el
lago, todo es diferente excepto el lago, que
sigue siendo una enorme extensión homogénea
pero de tierra. Cambia el paisaje. Las estatuas son
diferentes, los árboles, la gente, y sobre todo
las barcas. Ya deberías ponerte la camisa.

Una tristeza exclusiva del verano,
de las despedidas o las noches del verano.
Durante el día es imposible notarla, igual que en
invierno, cuando está ocupada combatiendo
el frío. Su olor la delata. Mis sueños recientes
anuncian cambios pero no sé qué hacer
con la misericordia. La representación del dolor
es lo que duele. Ya se puede abrir la ventana,
un rato, todos los días, y escuchar
las bocinas, la tarde reventando.
Prefiero no hacer nada, que es peor.

LA CASA

Ni siquiera al dejar los cubiertos
pueden ocultar el miedo. La casa está llena
de ojos, las mentiras se enganchan en los
picaportes, en los clavos, los ojos
se enganchan en las mentiras. No pueden
ocultarlo porque no lo perciben.

Es la hora del paseo. Hoy
toca uno fácil. La luz señala el recorrido
y hay escasos obstáculos, el peor podría ser
el gusto de los anfitriones por una
determinada clase de pan. Nada
importante. Ojalá fuera siempre así.

En esa época solíamos mirar por la ventana.
Enfrente, dos hombres intercambiaban algo negro,
de mano a mano, tuya, mía, como en un juego de
niños, y sudaban. Era una araña grande como un
gato. A veces
encontrábamos un hombre en el suelo,
dos marcas violeta en el antebrazo. El
otro era el vecino. Nos contó que
venía gente de muy lejos a
desafiarlo. Nos contó que así los
hombres se expresaban admiración y respeto.
Otros decían que era una forma de hacer
dinero. Un día fue el vecino el que perdió.

Siempre te han gustado los lagos.
Hoy encuentras a la mujer que buscabas anoche.
Entre tren y tren a veces hay
tiempo para un lago, pero
hoy buscas a una mujer que anoche encontraste. En
un paisaje absurdo el tren más coherente es el que
pasa por el acto absurdo, caminando milagro
sobre las aguas, así que te
despides y te vas. No hay nadie en
casa pero al menos ya sabes dónde vive,
por si pierdes el próximo tren.
Tu número salió premiado el mes pasado.
Junto al lago encontrarás una moneda con dos cruces.

CONVIVENCIA

Parecen más, pero sólo
son veinticuatro horas. La primera
puede ser azul pálido, sal,
horizonte; la segunda es sin duda un
cesto vacío, la tercera dos cestos vacíos
o un cesto por la mitad (es casi lo
mismo); para la cuarta desembocamos
en cualquier otro plano, por ejemplo en el
recuerdo del día en que se arranca
un pedazo de corcho de un árbol con
la idea de regalarlo a la vuelta del campo;
en la quinta jugamos al ajedrez, yo
suelo ser alfil; la sexta y la séptima
son un resbalar jabonoso y lunático;
la cera de las velas, todos los atributos de la
cera de las velas abundan en la hora
octava y sellan lo que será la primera
parte siempre que estructuremos a partir del número
tres (se recomienda el tres, es tanto más
justo y cómodo, a la humana medida);
entonces la novena, o nona
si uno tiene mal gusto, será otra vez

azul o rosa pálido pero menos, y algo de
hastío, de círculo, como cuando
estamos sentados en esos lugares desde los que
es tan evidente que la tierra es redonda,
y así la décima puede consistir en preguntarse cómo
es que tardaron tanto en darse cuenta;
todo va rodando por el círculo
enjabonado: claro, es tan fácil pensar así ahora,
autocrítica en la undécima; y atravesamos
la duodécima dudando si no hubiera sido
mejor trabajar con el dos, al fin y al cabo
la decimotercera parece algo nuevo
o recién barnizado; la decimocuarta confirma que
la estructura es binaria: ahora se ve que son las horas
las que nos vienen buscando; por ejemplo la
decimoquinta, una rubia que baila
y nos pide bailar; no importa
qué hayamos contestado, ya van
dieciséis y se intuye la costura, se siente la proximidad del
                                        [ombligo;
la decimoséptima es la hora de entender, incluso
la televisión se justifica; Bach
sabía de todo y la decimoctava lo trae con su brisa,
las matemáticas son sólo el esqueleto;
una medusa se evapora en la arena,

ya es la decimonovena y sin embargo hace frío,
soledad, desde tan cerca no te veo mientras
la vigésima nos sigue empujando cruelmente,
nos sigue la vigesimoprimera, corremos
escapando del tiempo
que no quiere alcanzarnos sino hacernos correr;
durante la siguiente sufriremos un breve
ataque de epilepsia sentimental,
y la vigesimotercera traerá la voluntad de
equilibrio, para esto recomendamos la puesta
de sol o el amanecer (son las dos
puntas del mismo ovillo) pero con
mesura porque la vigesimocuarta será
un semáforo y una banda
de Moebius sobre la que ya no
hace falta jabón para que sigamos
deslizándonos siempre por el mismo día,
deslizándonos siempre por el mismo día
hasta que algo alguna vez se rompa y sea mañana,
que es el ayer del próximo amor.

SABER QUE NO

No tiempo para ser
ni posibilidad de domar al pulpo rojo.
Que no las promesas no la espera
no paciencia tanto aprendizaje inútil
no se llama locura es lo normal
es así
al fin y al cabo la cama los libros tirados alrededor algo en
                                                    [la nevera
eso es todo.

Pero Londres los amores y Cortázar
ah de vez en cuando sí
pero no, no.

Que no hay pulpos rojos.
Saber que no hay suficiente silencio para expresar este
                                                    [aislamiento.

El gris

El gris, insisten con el gris
y otros discursos fáciles, el
gris demuestra exclusivamente lo difícil que es
expresar la experiencia del blanco y el
negro. No la aparente alternancia,
cómodo ajedrez para todos los
niveles, sino la verdadera, la
sublime simultaneidad del negro y el
blanco; el gris nos roba toda esa
verdad con su inocencia criminal y sintética.

MUJER QUE FUMA

Miras la foto. Aún no conoces a esa
mujer que en dos dimensiones quema
lentamente el calendario, en tres si consideras
el humo y sus efectos. Esa inmovilidad
reclama al menos otra imagen
para poder hilar entre ambas la
cuarta dimensión, el movimiento que
seguirás desde hoy hasta
cuándo, los días que midan tu paciencia y
tu esperanza enredándose en el
humo que dibuja sus rasgos,
el humo que tú eres.

Todo ese tiempo absurdo en la habitación
mientras él sueña con una casa,
muy céntrica, sin paredes, como una pregunta:
¿qué es lo importante? En otro idioma,
con el olor de una cocina ajena, para constatar
la estrechez; la anchura sólo puede
suponerse. Deja las llaves cerca de la puerta.

Encontrarán variedad en la monotonía.
Todos esos años de espera para esto.
La tristeza no sería nada sin ella.

RECHAZO

Hay una buena distancia entre las frases,
un silencio o abismo por el que asciende
la impaciencia. Es por la emoción.
Dejó un mensaje bellísimo, de amor
moderno, como una antigua
manzana en el contestador.

Como si los azules hubieran transformado
el brillo. El deseo de ser
venció a los demás deseos, así
se despliega una bandera, queden
fuera del campo de visión los efectos,
las uvas. Lo sabía.

Todo empezó con la visita de un hombre
que contaba anécdotas de tortugas y tiburones,
de islas tan distintas de las que yo
conozco. En la embajada se estaban
poniendo nerviosos. El futuro tira
con tanta fuerza como el pasado
y no es menor su carga de melancolía,
lo entenderás durante el próximo eclipse.
Pronto oiremos la última
llamada para los pasajeros.

¿Y entonces qué harás, si no
puedes seguir mirando desde el fondo
de la fiesta, protegida
por el ritmo y las luces de una celebración
no sentida, entre gente que te conoce
pero no sabe o no puede corresponder
a tus deseos, mientras las otras
van saliendo, siempre en orden?

A lo mejor encuentras aquí tu dosis
de tradición. No estoy hablando en clave,
sólo digo lo que no hay.

Llévatelo todo. Cualquier mañana me va bien,
si dispongo de un buen vestuario
y la respiración no falla. Tengo que agradecer

a mucha gente, tanta que ellos saben
quiénes son. También está la culpa,
el deseo por alguien que duerme al lado

o desea como si durmiera. Y me pesan la muerte
y otras enfermedades. Fue tan hermoso
como lo que está por acabar.

Viaje

Murmurando un idioma que
entiende cualquier célula, llega el
mar hasta las puertas de un niño que
se moja. El mar hospital es el mar
aeropuerto, a diez kilómetros de altura
se traza una línea sobre la arena donde no
alcanzan las olas con sus manos maternas
y hasta siempre el agua por los
tobillos. El mar verano no es el
único, está también el mar en la ciudad
exilio: el cable del teléfono enterrado
en el fondo, nombres que superan el
naufragio y se arrepienten y reclaman
apellidos, la gestación de una mitología,
la necesidad de aprender a despedirse
sin haber aprendido a saludar
y sobre todo la precaución de
no pisar las junturas de las baldosas, no
acercarse a los bordes ni conjurar
lo liminal o la antizona. El mar
asoma en todo lo que es
puerta: los ocasos, las bocas, la

música, estar solo; asoma y anticipa
la isla y el azar, la sensación de
consecuencia sin causa conocida.

El mar dos polos también finge, simula un
pez lineal, adusto, recurrente; y pájaro,
se resiste al resumen y a la síntesis, pez
cuyo vuelo se aloja en otro mar.

ESO QUE VUELA

Entre el cero y el dos, dejando
lo demás bien resguardado,
ése arrastra su cuerpo del
fondo a la figura, punto
que tiende a volverse
plano, y siente que sus huellas
dactilares van a pulsar el fin
de sus oscilaciones; pero tener un destino
o un rostro es lujo incompatible
con tal manera de extraer no más
que el contenido de las palabras y abandonar
las cáscaras diseminadas por la
página o la conversación, plano
que desea volverse línea, ser
uno y disfrazarse de sí mismo,
plomo que flota hasta que alguien lo ve.

IDIOMA

Hablo para poder imaginarme
que estoy vivo, camino la función
primordial del lenguaje, salgo
allá donde el anhelo y las
ideas duran hasta que abro
la boca, poco menos que los efectos
ontológicos del eco. Los dedos
interrogan al buzón y los corresponsales
fallan. Hablo, salgo,
pero mi actividad constitutiva es gastar la paciencia.
El destino puede empezar a cumplirse en cualquier
nombre, verbo hasta entonces ilusorio, perseverante,
único. Algo habrá que transvase y amortigüe la demanda:
desvalijar carteros, agotar las funciones
secundarias, imantar los discursos que resbalan
por ahí.

El material viscoso prende en cualquier
oquedad, la ausencia de lenguaje es capaz
de segregar lenguaje: una mirada
es un beso en potencia, un silencio
una orquesta que duerme, cualquier palo

es un cetro deseante de corona.

Se dilata la nada.
La realidad es lo alterable por
error, el derroche fecunda el
ojo ajeno y ya están germinando los retratos.

Viajero,
descubres o estableces simetrías subjetivas,
por ejemplo a partir de una boca cuya dueña
ignora. Hay un cementerio.
Un apellido grita desde una
lápida. Te acercas y resulta antigua
sangre que hoy se corrompe ignorante, tan
lejos de la purificadora tuya, del
deseado ritual. Divino,
los muertos tienen frío,
te equivocas. Terrestre, te
asombras al inferir que lo que al cabo
deseas es redistribuir el peso, que
no es más que una organización
particular del peso, la perfecta.
Perfecta en todo menos en el
dónde, por no hablar del con quién. Discreto,
no quieres parecer pesado con tanta
mujer, o con tan poca,
pero debes decir que ella
se mira en un espejo y no se ve;
no por vampira, desgraciadamente,
sino por distraída,
que tampoco está mal.

Sube Cleo la escalera de los
días, siempre de par en
impar salvo cuando acorta
preguntando, por ejemplo: ¿Qué
pesa más, un kilo de plomo o un
kilo de sangre? Yo
la espero en este estático
rellano movedizo, me
dedico, como vemos, a la usura
existencial, puedo llegar a alterarme si
no infiltra Cleo su anestesia
que ayer consistió en sonreír (o
en estar, ya que cada vez
van siendo más lo mismo, se acercan desde
ambas posiciones). Pero es todavía
mejor cuando practica Cleo la
química existencial, que consiste hoy en
estar sin sonreír, instándome
a bajar otra escalera y descubrir
qué pesa más, un kilo de tiempo
o un beso de Cleo.

Eres futuro y no estás y
como ahora no puedo profetizar si huyes
de lo que busco o buscas de lo que
huyo, te pediré que definas la monotonía
o el tacto o los anzuelos. Los
diccionarios se acoplarán o no, el acoso
con un ojo a la forma y el otro al
contenido; o mejor que se deslicen
(forma y contenido) por pendientes distintas,
como en el caso de tu nombre que no
puede, no debería tener sólo cuatro letras,
ahí se expande un misterio pidiendo un tercer
ojo que abarque en un sintético vistazo
a priori cada grano de arena, cada duna,
todas las aves que frecuentan la extensión
de tus cuatro letras, manos, ojos,
labios, este desierto en el que te harás
presente cuando aprenda a nombrarte.

El mejor autorretrato que conozco es de un
pintor que mira un huevo y pinta un ave. Hay
gente cuyo mejor autorretrato está en sus
uñas. Hace diez años pensaba que mi mejor
autorretrato sería al fin un beso durante el que se
piensa en el futuro para que vuelen juntos
los sabores. Toda magia es ingenua. Toda
palabra es mágica. Hace cinco años pinté mi
mejor autorretrato: un corazón y un
cuerpo que late dentro de él y lo alimenta. Hace diez
minutos comencé un poema
pensando que en toda palabra late un deseo
de silencio, una conciencia de esterilidad.
Cómo me arriesgo a quedar como un imbécil.
Todo autorretrato implica un riesgo semejante.
Los sueños se suicidan con somníferos.

CREO QUE SON MIRLOS

Creo que son mirlos los que picotean en este jardín
machos y hembras picos de diferentes colores
quién sabe.
Ni sus colores
(aunque estoy casi seguro de que blackbird el mirlo es negro)
ni por supuesto sus sonidos
ni si hay mirlos en este país seguramente una herejía
[ornitológica
pero aceptemos que la culpa es del Ministerio de Educación
si fueran tigres o rinocerontes sí
pero aves y plantas.
Los llamaré mirlos para mí lo son
porque me cantan poemas de Wallace Stevens
y todo ese verano.

Nadie es alguien pero tal
vez alguien sea nadie como
yo, piensa este candidato a la
esperanza mientras estudia la
margarita de dos pétalos. Lo
mejor en estos casos es arrancar el
tallo, eludir la lógica disyuntiva
y guardarse la corola entera. No
habrá respuesta, en eso
consiste la flor.

CUESTIÓN DE DECIDIR

Misteriosa todavía
aún no sé de qué hablo ni por lo tanto su género pero
la a es mi letra favorita
el uno es mi número predilecto pero
solamente casi siempre.
Sólo me interesa una parte
del cuerpo dije
te hacen falta al menos dos me contestó
me refiero al corazón añadí risueño
yo al corazón y al pie declaró vencedora.

Misteriosa la conversación laberinto
misteriosa la duda
también
el dos es mi número predilecto.

El mar es mi agua preferida junto con la lágrima la nieve
el vaso junto a la cama.

Despacio
cada noche
colgamos la mirada de una estrella
y cubrimos el suelo con la ropa.

Las velas se deshacen
iluminando la fiesta cotidiana
ritual que
cada noche
se conserva y modifica
(Heráclito y Parménides nadando juntos en ríos diferentes)
en un proceso que sólo se entiende
pensando en otra cosa
(tengo una imperfección en la superficie del ojo una mancha
    [borrosa que si trato de enfocar gira con todo el globo
    [pero es perceptible cuando fijo la mirada en algún punto)
despacio
estoy contigo a cien kilómetros mientras duermes con él.

Poco más que este conocimiento,
inútil porque no se puede transportar.
Días y el descuido que asociamos
con la generosidad. Varias maneras de medirlo:
con alfileres, con nombres propios, con días.

La fidelidad es amplia y mal iluminada.
Sobresale lo obvio, importa
lo indemostrable. Sería bueno que dieras tu opinión.

Salimos de viaje,
vamos a improvisar conversaciones, llegarán fotos
de algunos de los otros países,
fotos inocentes y dañinas que alteran
nuestros rasgos actuales.

Yo también creo que funciona
exactamente así, hablando de otro tema o
cambiando de emisora como si no te interesara
y entonces aparece sobre un escenario
igualmente mal iluminado.

El último podría faltar. Ganaríamos

un cuarto de hora y tal vez se lograra
evocar un estado de ánimo parecido.
Sereno, occidental, entre las plantas.

La luna obligatoria, prohibido
el reflejo, prohibida
la luz del mediodía.
Obligatorio el musgo,
obligatorios el paso y el abismo.
El cielo obligatorio y el infierno
opcional. Lo contingente
prohibido, la paciencia prohibida
y la contabilidad. ¿Lo provisorio? Depende,
pero nunca opcional. Obligatorio
el velo, obligatorio despojarse del velo,
la llave obligatoria o prohibida.
Los fundamentos prohibidos, vuelo integral,
tensión obligatoria. Opcional el recurso a lo
biológico, opcional el empleo de tristezas,
opcional el de la analogía y otros síntomas.
La gota prohibida,
obligatorio el mar.
La herida obligatoria y la sangre
tampoco, circulación total y sin embargo prohibido
mencionar la mitral o la tricúspide.
Prohibida la ley, prohibido
redactar el contrato vigente, prohibidos los ojos
en sus órbitas y en órbitas extrañas.

Las dos llevan sombrero, así que no
me digas que no soy consecuente.
Y hay dos cucharas, una
para servir el azúcar y otra para revolver.

Tampoco sé para quién estás decorando
el dormitorio. Qué extraña limosna.

Se asomó a la ventana y levantó
su ropa mientras reflexionaba sobre lo bello
y lo sublime. Cuando salió se olvidó de algo.

Se oyó una voz que pedía agua.
Era yo. Era una de esas noches
completamente orientales. Un amigo
preguntó, angustiado, si había algún
guionista en la sala.

Esa será mi consigna para momentos de crisis.

Todos comenzamos a interpretar,
aprovechando las últimas vacaciones.
Mientras tanto, no lejos de ahí
entrenaba el equipo femenino.

Y vuelta a empezar. ¿Qué más
hace falta para hablar del peso?
Entonces se levantan los objetos alados,
las moléculas, todo está hecho
de contrastes como si fuéramos románticos.

No era tan difícil. Salió a la primera.
Creo que tú me ponías nerviosa.

Subo y abro la puerta, estoy
muy inspirado. Aquí
falta algo. Es mediodía,
no tengo ganas de seguir
con el recuento. Los marineros,
los antiguos cazadores, una bizca
preciosa que escapó en el último
escalón, todos sabían manipular
sus barajas. He tratado
de suavizar mis tendencias naturales.
Un animal infalible espera que suene el disparo.
En lo más alto, comienza la carrera.

✦

Parque

Tienes razón: los besos al sol
son diferentes. Hay para todos
los gustos, sobre todo porque los gustos
se desarrollan a partir de lo que hay.
Pero habíamos prometido abandonar
estos análisis.

Estaba pensando en la muerte.
Pasa un hombre muy satisfecho
con sus juguetes, sin hacer preguntas.
Y ahí brillan unas jóvenes
transgresoras, un instante,
antes de desaparecer.

Cómo volaban esta tarde los pájaros, gritaban volando en
             [círculos por encima del pueblo,
desde las terrazas los mirábamos, desde las flores, sin hablar.
             [¿Qué voz compite
con mil graznidos, noria invisible infernal?

Mi vida se resume en los cuatro objetos que hay sobre esa
mesa; ocurre sin embargo que no me interesa el resumen sino
la versión íntegra salvo que se me ofrezca una corregida y
             [aumentada pero no es el caso.

Mirar atrás,
aprovechar estos y otros azares para mirar atrás,
porque es la única dirección en la que se ve algo digno de
             [contarse.

ALGO DE LO QUE PASA

Ahí voy a sentarme, voy
a sacarme y a mi incomodidad hasta
la calle a inventariar algo
de lo que pasa, en la silla de
ruedas y laureles. Empezaré
por distinguir entre personas
y cosas, actividad compleja y
poco usual que reclama ciertas ruedas
teóricas: las cosas
son el hueco que dejan; las personas el hueco
que quisieran dejar.
O el hueco que no llenan sus presencias.

Amar es una apuesta por otro
punto de partida, el rechazo a las definiciones
negativas, la vocación de relleno con laurel,
inventar a los otros y comer su
misterio. La gente impone
gestos y consignas. Los objetos
siempre son más cariñosos,
no tienen miedo a las
palabras ni al contacto con
mi piel.

Nada más

Soy a través del correo: todo
lo que desplaza palabras en
el espacio, lo que lima las
distancias y reúne los cristales
rotos es correo. Me
gusta lo que me altera,
llevar la vista al suelo e
identificarme con estos y no
otros pedazos de cristal, y así,
porque si la libélula se posa en
un fragmento ya me duele; o
poner donde dice pegue su
fotografía una pieza cualquiera de
puzzle. Eso que vuela es lo que me
vuelve otro y gusta y duele, nada
más. Algunas cartas llegan, algún
día abres el sobre que te debo
y un charco a tus pies.

ÍNDICE

ESO QUE VUELA